Anita van Saan

Das
NATURFORSCHER
Buch

arsEdition

Dieses
Naturforscherbuch
gehört

Hallo Naturforscher/-in!

Spielst du gerne draußen? Und hast du Lust, nebenbei die Natur zu erkunden? Bekanntlich verändert sich die Natur im Lauf des Jahres:

- Im Frühjahr sprießen die Knospen, Bäume blühen, Samen keimen aus.

- Der Sommer bringt grüne Wiesen, Hitze und Wärmegewitter.

- Im Herbst reifen die Früchte und die Blätter der Laubbäume fallen ab. Morgens hängen dicke Nebelschwaden über Wald und Feld.

- Im Winter tanzen Schneeflocken durch die Luft. Die Seen sind zugefroren, die Bäume kahl. Die Natur ruht unter einer dicken weißen Decke, bis die Sonne den Schnee zum Schmelzen bringt und der Kreislauf von vorne beginnt.

Diesen Wandel der Jahreszeiten will dir dein Naturforscherbuch näherbringen. Blättere durch die Frühlings-, Sommer-, Herbst- oder Winterseiten und lies nach, wo und wann du welche Tiere, Pflanzen und Naturerscheinungen am besten erforschen kannst. Nimm das Buch mit auf jeden Ausflug. Kreuze an, was du im Garten, Park, in Wäldern, auf Wiesen, Feldern, an Bächen, Seen oder am Strand entdeckt hast. Male die Bildvorlagen aus und trage jede deiner Beobachtungen bzw. Forschungsergebnisse wie in einem Album ein.

Viel Spaß dabei!

Inhalt

Jahreszeiten – Sonnenlicht

Die Tage werden wieder länger. Die Sonne scheint und wärmt die Erde. Wir können unsere Wintermäntel in den Schrank hängen und endlich wieder ohne Mütze und Schal aus dem Haus gehen. Bald beginnt es draußen in der Natur zu grünen und zu blühen. Der Frühling ist da!

Die Natur hat sich an die Jahreszeiten angepasst. Doch warum gibt es Jahreszeiten?

Frühling — Sommer — Herbst — Winter

Unsere Erde umkreist die Sonne während eines Jahres. Die Umlaufbahn der Erde hat die Form einer Ellipse (ovalen Kurve). Die Achse der Erdkugel ist in einem Winkel von 23,5° geneigt. Ist die Nordhalbkugel, auf der wir leben, zur Sonne geneigt, fallen die Sonnenstrahlen hier senkrecht auf, d. h., es wird wärmer, die Sonne scheint länger, die Nächte sind kürzer. Es wird Sommer. Nach sechs Monaten hat die Erde ihre Position verändert. Die Lichtstrahlen fallen auf der Nordhalbkugel nur noch schräg ein, es wird kälter, die Tage werden kürzer, es wird Winter.

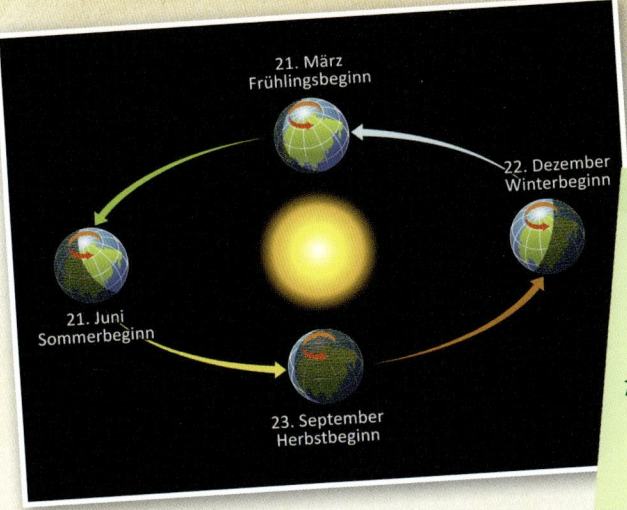

21. März
Frühlingsbeginn

22. Dezember
Winterbeginn

21. Juni
Sommerbeginn

23. September
Herbstbeginn

Tag und Nacht entstehen, weil sich die Erde nicht nur um die Sonne, sondern gleichzeitig einmal in 24 Stunden um ihre eigene Achse dreht.

Am 20.-22. Juni (zur Sommersonnenwende) erreicht die Sonne mittags ihren höchsten Stand, der Tag ist am längsten, die Nacht am kürzesten. Am 21./22. Dezember (zur Wintersonnenwende) erreicht die Sonne den niedrigsten Stand, der Tag ist am kürzesten, die Nacht am längsten. Am 20./21. März und am 22./23. September sind Tag und Nacht gleich lang.

Wann geht die Sonne am 1. April auf?

Stell dir so ungefähr um 6 Uhr einen Wecker! Dann schreibst du auf, um wie viel Uhr genau die Sonne aufgegangen ist, und am Abend (nach 20 Uhr), wann genau sie untergeht. Zähle die Stunden von Sonnenaufgang bis Sonnenuntergang, dann weißt du die Tageslänge.

Tageslänge am 1. April im Jahr . . . .

in meinem Wohnort . . . . : . . . . Stunden . . . . . . Minuten

Tageslänge am 1. Mai im Jahr . . . .

in meinem Wohnort . . . . : . . . . Stunden . . . . . . Minuten

Frühblüher –
Vorboten des Frühlings

Hast du Lust zu einem Waldspaziergang? Im Vorfrühling, ab März, wenn die Laubbäume noch kahl sind und viel Licht auf den Waldboden fällt, kannst du die ersten Buschwindröschen und Veilchen entdecken. Buschwindröschen wachsen in lichten Wäldern und bilden am Waldboden grünweiße Blütenteppiche. Veilchen findest du an besonnten Weg- oder Waldrändern, manchmal auch wild wachsend in Gärten.

Veilchen

Wie sieht die Wurzel des Buschwindröschens aus? Grabe eine Blume aus und finde es selbst heraus!

.... cm lang

6

Schnee-
glöckchen

Tulpe

Narzisse

Krokus

Hyazinthe

Narzissenzwiebel

Hyazinthenzwiebel

Viele Frühlingsblumen im Garten, wie z. B. Krokusse, Tulpen und Narzissen, zählen zu den sogenannten Frühblühern. Diese bilden nur im Frühling Blätter und Blüten aus. Sie nutzen dabei Nährstoffe, die sie im Vorjahr mithilfe des Sonnenlichts selbst gebildet haben und die in ihren Zwiebeln, Knollen, Erdsprossen oder Wurzelstöcken gespeichert sind.

Tulpen-, Hyazinthen-, Narzissen- und Krokuszwiebeln pflanzt du zwischen September und November in den Garten, damit sie im nächsten Jahr im Frühling blühen.

Achtung! Frosch- und Krötenwanderung!

Wenn der Winter vorbei ist und ab Ende Februar/Anfang März die ersten Sonnenstrahlen die Erde erwärmen, erwachen Grasfrosch und Erdkröte aus ihrer Winterstarre. Sie verlassen ihre frostsicheren Winterquartiere (Erdlöcher, Nischen unter Steinen oder Gewässer) und machen sich nachts auf den Weg zum Laichplatz, dem Gewässer, in dem sie sich selbst zur Kröte bzw. zum Frosch entwickelt haben. Dort treffen die Männchen die Weibchen, beide paaren sich und laichen ab, d. h., sie geben Eier und Samen ins Wasser ab. Amphibienlaich findest du an besonnten Teichen, Tümpeln und Weihern mit flachem Ufer.

Das Erdkröten-Weibchen legt bis 5 m lange Laichschnüre um Wasserpflanzen gewickelt ab, das Männchen bespritzt diese mit Samen.

Erdkröte

Meine Beobachtungen:

Beginn der Amphibienwanderung

Jahr	Datum
....	....
....	....
....	....

Grasfrosch

Grasfrösche legen ihren Laich in Form von großen Ballen im Wasser ab.

Aus den Eiern entwickeln sich im Wasser Quappen, die nach und nach zu vierbeinigen Fröschen werden und schließlich an Land gehen.

Die ersten Tagfalter im Frühling

Die meisten heimischen Schmetterlingsarten überstehen den Winter als Ei, Puppe oder Raupe. Doch einige Arten, wie z. B. der Kleine Fuchs, das Tagpfauenauge, der Zitronenfalter, der C-Falter und der Trauermantel, überwintern als Falter. In der kalten Jahreszeit lassen sie sich in frostsicheren Verstecken in Bäumen, Astlöchern, Felsspalten, aber auch in Kellern oder Garagen nieder. Dort fallen sie in Winterstarre. Die Wärme der Frühlingssonne weckt sie wieder auf. So kann man sie ab März schon wieder flattern sehen.

Weißt du das schon?

Die Tagfalter-Weibchen legen Eier an bestimmten Raupen-futterpflanzen (R) ab. Aus den Eiern entwickeln sich Raupen, die sich von der Futterpflanze ernähren. Hat die Raupe eine bestimmte Größe erreicht, verpuppt sie sich. Aus der Puppe schlüpft ein Falter. Im April schlüpfen Tagfalterar-ten, die als Puppe überwintert haben, wie der Aurorafalter und das Frühlingslandkärtchen.

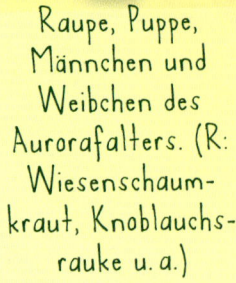

Raupe, Puppe, Männchen und Weibchen des Aurorafalters. (R: Wiesenschaum-kraut, Knoblauchs-rauke u. a.)

Welche Arten hast du in der Natur schon einmal gesehen?

☐ Zitronenfalter
Raupenfutterpflanze (R):
Faulbaum, Kreuzdorn

☐ Frühlingslandkärtchen
R: Brennnesseln,
Klettenkerbel u.a.

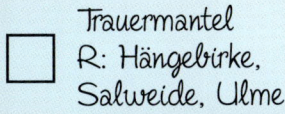

☐ Trauermantel
R: Hängebirke,
Salweide, Ulme

☐ C-Falter
R: Salweide, Hasel,
Ulme, Hopfen u.a.

☐ Tagpfauenauge
R: Brennnesseln

☐ Kleiner Fuchs
R: Brennnesseln

Streichelzarte Palmkätzchen ✿

Kennst du Kätzchen mit streichelfeinem Pelz, Kätzchen ohne
Beine, Schwanz, und Gesicht? Es sind die Palmkätzchen, die
Blüten der Salweide. Der Baum wächst vor allem in Auwäldern,
auf Kahlschlägen, Schutthalden und auf Brachflächen. Ab An-
fang März tragen seine Zweige noch keine Blätter, aber viele
Kätzchen. Im Aufblühen sehen sie silbrig aus und fühlen sich so
weich an wie ein Fell. Später bilden sich leuchtend gelbe Staub-
beutel. Jede Salweide trägt entweder nur männliche oder nur
weibliche Blüten, die von Insekten bestäubt werden.

Salweide (Salix caprea)

Blatt und Rinde der Salweide

Männliche (gelbe) und weibliche
Blüten der Salweide (»Weiden-«
oder »Palmkätzchen«)
Mit der Lupe kannst du an
jedem Kätzchen kleine
Einzelblüten erkennen.

Für Bienen und Tagfalter sind die Kätzchen im Vorfrühling die wichtigste Nahrungsquelle.

Nach was duften Palmkätzchen?

Nach

....

Ihren Namen verdanken die Palmkätzchen einem religiösen Brauch. Blühende Weidenzweige werden nämlich als Ersatz für Palmwedel am Palmsonntag (am Sonntag vor Ostern) abgeschnitten und in der Kirche geweiht. An diesem Tag zog Jesus in Jerusalem ein und die Menschen jubelten ihm mit Palmenzweigen zu.

Palmwedel

Weidenzweige

Frühlings-Trommler

Tock, tock, tock... Dieses Geräusch hast du im Wald bestimmt schon einmal gehört. Wahrscheinlich stammt es von einem Specht. Spechte singen nicht, sie trommeln zur Paarungszeit ab Mitte März mit dem Schnabel auf trockene Äste, um Weibchen anzulocken. Spechte erkennst du an ihrem Stützschwanz und den Kletterfüßen. Sie zählen zu den Höhlenbrütern (siehe S. 18).

Die Baumwunden verheilen von allein. Es bildet sich ein Wulst, der von den Wundrändern her zuwächst, bis die Wunde »überwallt« ist.

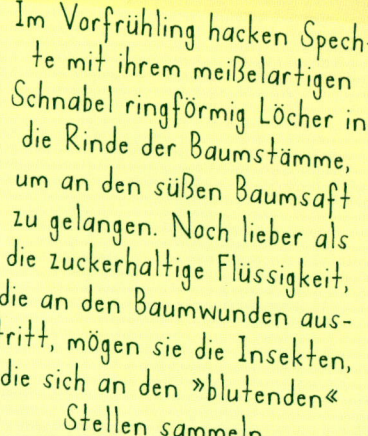

Im Vorfrühling hacken Spechte mit ihrem meißelartigen Schnabel ringförmig Löcher in die Rinde der Baumstämme, um an den süßen Baumsaft zu gelangen. Noch lieber als die zuckerhaltige Flüssigkeit, die an den Baumwunden austritt, mögen sie die Insekten, die sich an den »blutenden« Stellen sammeln.

Im April zimmert das Vogelpaar mit dem Schnabel eine Bruthöhle.
Bis diese fertig ist, kann das zwei bis vier Wochen dauern.
In die Bruthöhle legt das Weibchen 2-4 Eier, die von beiden Eltern
abwechselnd bebrütet werden. Nach 11 Tagen schlüpfen die Jungen.
Sie werden mit Käfern, Larven und Ameisen gefüttert.

Wo hast du Bruthöhlen
oder Ringelspuren des
Buntspechts gefunden?

....

....

Alle Vögel sind schon da!

Zur Paarungszeit im Frühling singen die Vögel besonders schön. Mit ihrem Gesang werben die Männchen um die Weibchen oder kündigen an, dass sie ein bestimmtes Gebiet als Brutrevier besetzt haben. Die einzelnen Vogelarten singen aber nicht alle zur gleichen Zeit. Manche singen morgens sehr früh, wenn es draußen noch dunkel ist. Andere erst, wenn die Sonne schon aufgegangen ist.

Die Vogeluhr

Stelle gegen Mitte Mai deinen Wecker auf kurz vor 4 Uhr und lausche, wer wann draußen im Garten oder draußen in der Natur singt! Welche Gesänge hast du erkannt?

vor Sonnenaufgang

nach Sonnenaufgang

☐ 4:10 Uhr Rotkehlchen

☐ 4 Uhr Gartenrotschwanz

☐ 4:15 Uhr Amsel

☐ 4:40 Uhr
Kohlmeise

☐ 4:20 Uhr
Zaunkönig

☐ 4:50 Uhr
Zilpzalp

☐ 5:20 Uhr
Haussperling

☐ 5 Uhr
Buchfink

5:30 Uhr:
Sonnen-
aufgang

☐ 5:35 Uhr
Mönchsgrasmücke

☐ 5:40 Uhr
Star

Vogelstimmen kannst du dir im
Internet anhören unter:
vogelstimmen.de und deutsche-
vogelstimmen.de und vogelstim-
men-hoeren.de. Bei youtube findest
du kurze Filme singender Vögel.
Tippe einfach den gesuchten
Artnamen ein!

☐ 5:45 Uhr
Distelfink

Vogelnester

Jede Vogelart nistet nur an den für sie geeigneten Standorten und bevorzugt ganz bestimmte Nistplätze. Höhlenbrüter bauen ihre Nester in Höhlungen wie Baumhöhlen oder selbst gegrabenen Röhren an Lehmwänden. Nischen- und Halbhöhlenbrüter nisten in Nischen oder Ritzen von Felswänden, Mauern, Gebäuden oder Bäumen. Buschbrüter legen ihr Nest im Gebüsch und in Sträuchern, Bodenbrüter gut versteckt am Boden an.

Mit dem Fernglas kannst du die Vögel beim Nestbau beobachten. Fasse verlassene Nester aber nicht an und zerstöre sie nicht!

Welche Nester und Vogelarten hast du entdeckt? Keuze an!

Höhlenbrüter

☐ Star

☐ Grünspecht

☐ Kohlmeise

Nischen- und Halbhöhlenbrüter

☐ Bachstelze

☐ Wanderfalke

☐ Wasseramsel

Baum- oder Kronenbrüter

☐ Pirol

☐ Mäusebussard

Buschbrüter

☐ Buchfink

☐ Amsel

☐ Mönchsgrasmücke

Bodenbrüter

☐ Nachtigall

☐ Feldlerche

Kuckuck, Kuckuck,
ruft's aus dem Wald

Wenn du im April im Wald spazieren gehst, kannst du den Ruf des Kuckucks hören: »Gukuh, gukuh«. Beim Nestbau wirst du ihn aber nicht beobachten können, denn er baut gar keins. Stattdessen hält er Ausschau nach den Nestern anderer Vogelarten. Hat er ein geeignetes Nest gefunden, legt das Weibchen ein Ei hinein. Die Wirtseltern (z. B. Rohrsänger, Zaunkönig, Goldammer, Gartenrotschwanz) merken das oft gar nicht, denn die Kuckuckseier sind zwar etwas größer, aber so ähnlich gefärbt wie ihre eigenen Eier.

Die Wirtsvögel brüten das Kuckucksei gemeinsam mit ihren eigenen, kleineren Eiern aus. Ist das Kuckucksjunge frisch geschlüpft, wirft es die Eier und Jungen der Wirtseltern aus dem Nest und lässt sich von den fremden Vogeleltern mit Insekten füttern.

Der Kuckuck ist etwa so groß wie eine Taube.

Wann hast du die Rufe
des Kuckucks gehört?

Am

....

Hier füttert ein Teichrohrsänger ein
12 Tage altes Kuckucksjunges.

Der Teichrohrsänger ist ein Wirts-
vogel des Kuckucks. Seine Eier sind
viel kleiner als das Kuckucksei.

Auch die halbflüggen
Kuckuckskinder lassen
sich noch gerne füttern.

Hase oder Wildkaninchen?

Ist dir beim Osterspaziergang auf Feldern und Wiesen ein Hase aufgefallen? Oder war es ein Kaninchen? Das lässt sich leicht klären!

Der Feldhase wird 60–70 cm lang. Besonders lang sind seine Ohren (Löffel), die an der Spitze schwarz-weiß gefärbt sind. Tagsüber hält sich der Einzelgänger in einem windgeschützen Versteck auf. Meist liegt er in einer Mulde (Sasse). In der Dämmerung wagt er sich zur Nahrungssuche aus der Deckung. Seine Lieblingsspeisen sind Gräser, Kräuter, Getreide oder Kohl.

junger Feld-
hase im Gras

Feldhase,
drei Wochen alt

Hasen und Kaninchen können mehrmals im Jahr Junge bekommen. Hasenjunge werden in einer windgeschützten Erdmulde geboren, haben ein Fell und können sofort laufen.

Mit den langen Hinterbeinen und den etwas kürzeren Vorderbeinen kann der Feldhase weite Sprünge machen und Haken schlagen.

Im Unterschied zum Feldhasen ist das Wildkaninchen kein Einzelgänger, sondern lebt in großen Gruppen (Kolonien), die aus bis zu 100 Tieren bestehen können. In lockerem Boden legen die Tiere einen unterirdischen Bau an, in den sie sich tagsüber und bei Kälte verkriechen. In der Dämmerung kommen die Kaninchen heraus und knabbern Gräser, Kräuter, im Winter auch Rinde und Zweige.

Das Wildkaninchen wird nur 35-45 cm lang. Seine Ohren sind viel kürzer als die des Feldhasen.

Wildkaninchen kommen nackt und blind in ihrem unterirdischen Bau zur Welt, den sie erst verlassen, wenn sie vier Wochen alt sind.

Frischlinge

Wildschweine leben hauptsächlich in Laub- und Mischwäldern. Doch da sie Menschen gegenüber scheu sind und vor allem in der Nacht auf Nahrungssuche gehen, kann man sie in freier Wildbahn nur selten beobachten. In vielen Wildparks werden sie in Gehegen gehalten. Ein Besuch lohnt sich vor allem im April, denn in diesem Monat kommen die Frischlinge, wie man die Jungen des Wildschweins nennt, meist zur Welt.

3 bis 12 Frischlinge saugen an den Zitzen der Wildschweinmutter (Bache). Sie haben ein braun-weiß gestreiftes Fell und können schon gleich nach der Geburt laufen.

Schau genau!

Frischlinge haben

.... bis ....

gelbliche Längs-streifen.

Wenn sie drei Wochen alt sind, durchwühlen die Frischlinge die feuchte Erde auf der Suche nach Nahrung und spielen mit ihren Geschwistern.

Zwei Jahre alte Wildschweinkinder heißen in der Jägersprache »Überläufer«. Sie haben ein schwarzbraunes Borstenfell. Mit 3 Jahren sind sie erwachsen.

Das männliche Wildschwein, genannt Keiler

Flink und wärmeliebend

Eidechsen lieben die Sonne. Im April kriechen sie aus ihrem Winterversteck und lassen sich von der Sonne den Rücken wärmen. Endlich können sie wieder umherflitzen und Insekten, Spinnen oder Würmer erbeuten. Meist gegen Ende April häuten sich die Tiere, anschließend beginnt die Paarungszeit.

Die Männchen sind in der Paarungszeit besonders auffällig grün gefärbt. Sie werben um die Weibchen und verteidigen ihr Revier gegen andere Männchen.

Nach der Paarung vergräbt das Weibchen 10-15 Eier in sandige Böden. Im August schlüpfen aus den Eiern die Jungtiere.

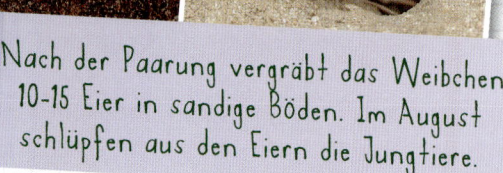

26

Willst du Zauneidechsen beobachten? Dann solltest du ihre Lebensräume aufsuchen und dich ab Ende April in besonnten Standorten wie Sandgruben, Bahndämmen, Weinbergen, an trockenen Waldrändern, besonnten Böschungen, an Steinbrüchen und in Dünen umsehen.

Die Mauereidechse lebt in den Hohlräumen von Mauern und Felsspalten. In Deutschland kommt sie nur in wärmeren Gebieten vor.

Zum Ausmalen:

Zauneidechse

Die Zeit der **Apfelblüte**

Im Mai blühen die Apfelbäume. Mit ihrer Farbe und ihrem Duft locken sie Bienen und Hummeln an. Schau dir eine Blüte mal genauer an. Jede Blüte, die von einem Insekt bestäubt wurde, kann sich zu einer Apfelfrucht entwickeln.

Bienen und Hummeln lecken mit ihrem Rüssel Nektar (Blütensaft) vom Blütenboden. Dabei bleibt Blütenstaub (Pollen) an ihren behaarten Beinchen hängen. Fliegen sie zu einer anderen Blüte, gelangt der Pollen auf die klebrige Narbe des Fruchtknotens, die Blüte ist bestäubt.

Zum Ausmalen:

Griffel

Pollensäcke

Narbe

Staubfaden

Fruchtknoten

Ist ein Pollenkorn vom Pollensack einer anderen Blüte auf die Narbe gelangt, wächst ein langer Schlauch aus und gelangt durch den Griffel bis in den Fruchtknoten. Dieser enthält die Samenanlage mit der Eizelle. Bei der Befruchtung verschmilzt das Pollenkorn mit der Samenanlage. Es entwickelt sich eine Frucht mit Samen, der Apfel. Ab September sind die Äpfel reif.

unreifer Apfel

Blüte

reife Apfelfrucht mit Samenkern

Wildblumen

Sommerzeit ist Blumenzeit. Pflücke einzelne Blüten ab, zerlege sie mit einer Pinzette in Einzelteile und betrachte diese mit der Lupe. Dabei wirst du sehen, dass manche Blüten aus vielen kleinen Blüten zusammengesetzt sind, die zusammen aussehen wie eine einzige Blüte. Auch die Anordnung der Blüten ist unterschiedlich. Manche Blüten bilden zusammen ein Körbchen, andere eine Traube, Rispe, Ähre, Dolde, einen Kolben, einen Zapfen oder – wie die Salweide (siehe S. 12) – ein Kätzchen.

Das Gänseblümchen besitzt wie die Kamille eine körbchenförmige Scheinblüte aus mehr als 100 Einzelblüten, in der Mitte die gelben Röhrenblüten, außen herum die weißen Zungenblüten.

Gänseblümchen

Margerite

Welche Blumen bilden wie das Gänseblümchen einen körbchenförmigen Blütenstand
und zählen deshalb auch zu den sogenannten Korbblütlern? Bitte ankreuzen!

☐ Kornblume

☐ Löwenzahn

☐ Wilde Möhre
Dolde

☐ Margerite

☐ Klatschmohn
Einzelblüte

☐ Glockenblume
Rispe

☐ Kratzdistel

☐ Maiglöckchen
Traube

☐ Kamille

Gräser und Getreide

Gräser sind krautige Pflanzen. Sie haben lange, schmale Blätter und sehr unauffällige Blüten. Die sogenannten Süßgräser haben einen runden, hohlen Stängel. Einige Süßgräser wie z. B. Weizen, Hafer, Roggen und Gerste bilden nahrhafte Körnerfrüchte und werden als Getreidepflanzen auf Feldern ausgesät.

Aus gemahlenen Getreidekörnern (Mehl) kann man Brot, Kuchen oder Kekse backen, Brei kochen oder Nudeln herstellen.

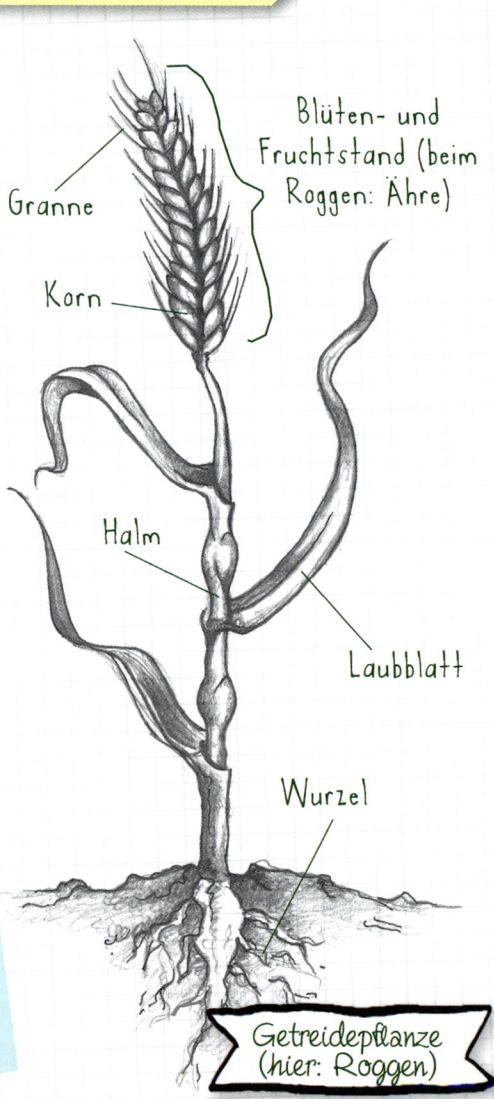

Granne

Korn

Blüten- und Fruchtstand (beim Roggen: Ähre)

Halm

Laubblatt

Wurzel

Getreidepflanze (hier: Roggen)

An den Blüten und Fruchtständen kannst du erkennen, um welche Getreidegattung bzw. -art es sich handelt. Was wächst auf den Feldern, die du gesehen hast?

☐ Hafer
Rispe

☐ Weizen
Ähre mit kurzen Grannen

☐ Gerste
Ähre mit sehr langen Grannen

☐ Roggen
Ähre mit mittel-langen Grannen

Getreidekörner wie das Weizenkorn enthalten vor allem Stärke, aber auch Eiweiß. Das Eiweiß einiger Getreidegattungen (z.B. Weizen, Roggen, Gerste) nennt man Gluten oder Klebereiweiß.

Mais

Die Maispflanze stammt ursprünglich aus Mexiko. Bei uns in Mitteleuropa wird sie angebaut, um Futter für Nutztiere (z. B. Kühe) zu gewinnen. Zwischen den bis zu drei Meter hohen Maispflanzen kann man sich gut verstecken, aber auch verirren!

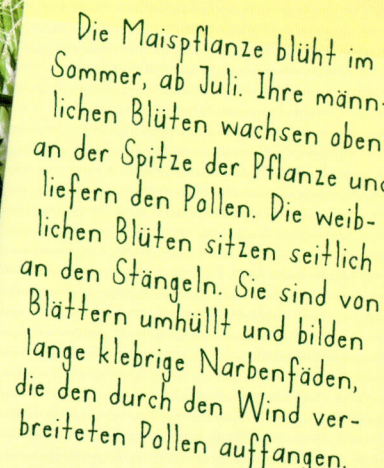

Die Maispflanze blüht im Sommer, ab Juli. Ihre männlichen Blüten wachsen oben an der Spitze der Pflanze und liefern den Pollen. Die weiblichen Blüten sitzen seitlich an den Stängeln. Sie sind von Blättern umhüllt und bilden lange klebrige Narbenfäden, die den durch den Wind verbreiteten Pollen auffangen.

Aus den weiblichen Blütenständen entstehen nach der Bestäubung die Maiskolben (die Fruchtstände der Maispflanze).

An jeder Maispflanze entwickeln sich ein bis zwei Maiskolben. Jeder Kolben enthält etwa 400 Maiskörner, die Samen der Maispflanze.

Aus den Körnern einer bestimmten Maissorte (Puffmais), die man im Supermarkt kaufen kann, lässt sich Popcorn herstellen. Mit den Körnern von Futtermais klappt das aber leider nicht.

Mais-Stängel

☐ hohl

☐ nicht hohl

Zählt die Maispflanze auch zu den Süßgräsern? Diese haben bekanntlich einen hohlen Stängel (siehe S. 32). Betrachte den Querschnitt eines abgebrochenen oder abgeschnittenen blütenlosen Mais-Stängels.

Tagaktive
Schmetterlinge

Im Sommer kannst du im Garten, auf Wiesen und an Trocken-
hängen viele Schmetterlinge beobachten. Die meisten Arten
fliegen Blüten an und saugen Nektar. Nach der Paarung legt
das Weibchen Eier an Raupenfutterpflanzen (R) ab. Welche
Tagfalter hast du schon einmal beobachtet?

☐ Schwalbenschwanz
R: Doldengewächse wie
Wilde Möhre, Fenchel, Gar-
tenmöhre, Dill oder Petersilie

☐ Admiral
R: Große Brennnesseln

☐ Hauhechel-Bläuling
R: Kleearten, Bunte Kronwicke,
Kriechender Hauhechel

☐ Kleiner Kohlweißling
R: Kreuzblütler,
Kapuzinerkresse u. a.

☐ Schachbrett
R: Flockenblumen,
Skabiosen, Kratz-
und Ringdisteln

☐ Kaisermantel
R: Echtes Mädesüß,
Veilchenarten

☐ Großer Schillerfalter
R: breitblättrige Weidenarten,
v. a. Salweide (siehe S. 12)

Aufgepasst! Obwohl das Sechsfleck-Widderchen und das Taubenschwänzchen zu den Nachtfaltern
gezählt werden, fliegen sie tagsüber.

☐ Taubenschwänzchen
(Kolibrischwärmer)
R: Labkräuter

☐ Sechsfleck-Widderchen
R: Hornklee und Kronwicken

Marienkäfer

Marienkäfer sieht man im Sommer häufig in Wiesen, Gärten und Parks. Die auffallende Färbung der kleinen Krabbeltiere dient als Warnsignal für Fressfeinde. Im Garten gelten Marienkäfer als Nützlinge, denn sie vertilgen (ebenso wie ihre Larven) Blatt- und Schildläuse.

Ende April bis Mai legt das Weibchen 10-60 Eier an der Blattunterseite von Pflanzen oder in Rindenritzen ab. Nach rund einer Woche entwickeln sich Larven. Diese fressen Blattläuse, wachsen, häuten sich mehrmals und nach 30-60 Tagen verpuppen sie sich. Aus jeder Puppe schlüpft nach einer Puppenruhe von sechs bis neun Tagen ein flugfähiger Marienkäfer.

Hast du einen Marienkäfer gefunden?

Wie viele Punkte hat er?

....

☐ Siebenpunkt-Marienkäfer

☐ andere Marienkäferart

38

Eine einzige Marienkäf- erlarve futtert im Verlauf ihrer Entwicklung rund 400 Blattläuse, ein ausgewachsener Marienkäfer vertilgt während seines Lebens sogar bis zu 5000!

Vom Frost überrascht

Zur Überwinterung treffen sich Marienkäfer gerne mit ihren Artgenossen und verstecken sich in Gruppen am Boden, unter Steinen, Rinde oder Laub, in Moos oder im Gras. Oft kriechen sie auch durch Fensterritzen ins Haus.

Gewitter

An einem Sommernachmittag: Urplötzlich wird es draußen dunkel, am Himmel ballen sich schwarze Wolken zusammen, der Wind bläst und kurze Zeit später fängt es an zu regnen. Blitze erscheinen am Himmel, gefolgt von einem lauten Donnergrollen. Ein Gewitter!

Verhalten bei Gewittern:

- Entferne dich sofort von Gewässern, Pools, Meer und Sümpfen.
- Meide Bäume, Baumgruppen, Hügel, Aussichtstürme, Masten, Metallzäune und Gitter. Fahr- oder Motorräder in 3 m Mindestabstand von Menschen abstellen.
- Schutz in Gebäuden, in einem Auto oder einer Höhle suchen.
- Auf offenen Feldern mit zusammengezogenen Füßen in die Hocke gehen.
- Im Waldesinneren nicht unter morsche oder herausragende Bäume stellen.

Blitze sind riesige elektrische Funken, Lichtzuckungen am Himmel. Sie werden durch starke Luftströmungen (Winde) in Gewitterwolken verursacht. Wenn man zu Hause im Trockenen am Fenster, im Auto oder im Zug sitzt, ist es spannend, sie zu beobachten.

Ist das Gewitter nah?

Das kannst du selbst herausfinden. Sobald du einen Blitz gesehen hast, zählst du die Sekunden, die es dauert, bis der Donner folgt. Wenn du die Sekunden, die zwischen Blitz und Donner liegen, durch 3 teilst, weißt du, wie viele Kilometer der Blitz entfernt ist. Beispiel: 9 Sekunden gezählt, geteilt durch 3, das sind 3 Kilometer!

Datum:

....

Entfernung des Gewitters:

....

Summ, summ, summ ...

Im Sommer kannst du an sonnigen Tagen Bienen beobachten, wie sie von Blüte zu Blüte fliegen. Sie saugen Nektar (Blütensaft), der im Honigmagen der Biene gespeichert und zu Honig umgewandelt wird. Fliegt die Biene zurück zu ihrem Bau, kann sie dort den Honig erbrechen und ablagern.

Honigbiene

Honigbienen sind staatenbildende Insekten. In der Natur lebt das Bienenvolk meist in einer Baum- oder Felshöhle. Oder in einem Bienenstock, den der Imker zur Verfügung stellt. In dem Hohlraum bauen die Arbeitsbienen aus Wachs, das sie in ihren Wachsdrüsen herstellen, sogenannte Waben. Das sind sechseckige Gebilde, die zur Aufzucht der Maden dienen und in denen Honig und Blütenstaub (Pollen) gelagert wird.

Bienenkönigin mit Hofstaat

Ein Bienenvolk (Bienenstaat) besteht aus bis zu 60 000 weiblichen Arbeiterinnen, männlichen Drohnen und einer Königin. Diese ist fürs Eierlegen zuständig. Die männlichen Drohnen befruchten die Eier. Alle anderen Aufgaben erledigen die Arbeitsbienen: Sie füttern die aus den Eiern schlüpfenden Larven (Maden), reinigen, reparieren, verteidigen den Bau und sammeln Nahrung. Die Tiere verständigen sich untereinander durch Duftstoffe und mit Bienentänzen (Tanzsprache).

Auch Wespen sind staatenbildende Insekten. Die meisten heimischen Wespenarten haben eine schwarz-gelbe Warnfärbung und einen verkürzten Hinterleib.

Wespe

Das Wespennest besteht aus papierartigen Brutwaben, die von einer kugelförmigen Nesthülle umgeben sind. Wespen füttern ihre Larven mit zu Brei zerkauten Insekten oder anderem tierischen Eiweiß.

Bienen haben zur Verteidigung einen Giftstachel mit Widerhaken. Wird ein Wirbeltier gestochen, bleibt der Stachel in der Haut stecken. Wespen können mehrmals stechen, da ihr Stachel keine Widerhaken besitzt.

Pst, ein Rehkitz!

Rehe kannst du am besten in der Abend- und Morgendämmerung beobachten, wenn die Tiere am Waldrand, auf Lichtungen und Feldern auf Nahrungssuche gehen. Im Sommer fressen sie Gräser, Kräuter, Blätter, im Herbst Eicheln, Bucheckern, Pilze und Beeren. Im Juni, manchmal auch schon im Mai, bringt die Rehmutter ein Junges, das Rehkitz, zur Welt. Sein Fell ist rotbraun mit weißen Tupfen. Eine gute Tarnung auf grünen Wiesen, denn Feinde wie Wolf oder Luchs können Rot nicht von Grün unterscheiden.

Rehbock

Rehmutter mit Rehkitz

Rehkitz

Rehe treten einzeln, paarweise oder im Familienverband auf. Eine Familie besteht aus mehreren Weibchen und ihren Jungen. Die männlichen Tiere (Rehböcke) sind außerhalb der Paarungszeit Einzelgänger und grenzen ihr Revier mit Duftmarken ab.

Bei Gefahr verlässt die Rehmutter ihr Junges, um mögliche Feinde von dem Kleinen fortzulocken. Später kommt sie aber zurück. Streichle niemals ein verlassenes Rehkitz, denn wenn Fremdgeruch an dem Tier haftet, versorgt es die Rehmutter nicht mehr!

Welche Rehspuren hast du entdeckt?

☐ Trittspur

☐ Kotspur

☐ Fraßspur

Tanzende Lichter
im Dunkeln

Wie wär's mit einer Nachtwanderung im Juni? Mit etwas Glück kannst du bei warmem Wetter im Dunkeln tanzende leuchtende Punkte sehen. Das sind Glühwürmchen, die Männchen des Kleinen Leuchtkäfers. Sie fliegen herum und senden auf der Suche nach Weibchen Lichtsignale aus. Die Weibchen leuchten am Boden sitzend, z. B. auf Gräsern oder Brennnesseln.

Glühwürmchen
entdeckt:

Am ....

Ort ....

Anzahl ....

Wenn Glühwürmchen leuchten, findet in ihrem Körper eine chemische Reaktion statt. Daran ist ein Naturstoff, das sogenannte Luciferin, beteiligt.

Das Männchen des Großen Leuchtkäfers ist 10-12 mm lang. Es leuchtet schwächer als das Weibchen.

Glühwürmchen findest du an Waldrändern, Gebüschen, feuchten Wiesen, Weinbergen, in Gärten, Parks, in Laub und Moos, unter faulendem Holz. Aber: nie in dichtem Wald, nie in Nadelwäldern!

Kleintiere in Bach und Fluss

Im Sommer macht es Spaß, im Wasser zu planschen, auch in Bächen und Flüssen. Hast du Lust, dabei den Uferbereich zu erforschen? Hier kannst du viele Kleintiere entdecken. Sie verstecken sich an den unterschiedlichsten Stellen. Drehe Steine um und untersuche die Ufer- und Wasserpflanzen.

Gewässer bitte nur in Begleitung eines Erwachsenen erforschen!

Forschertipps:

- Klare Bäche mit Kiesgrund und flachen, ruhigen Uferbuchten lassen sich besonders gut untersuchen.
- Auf der Unterseite von im Wasser liegenden Steinen findest du die Larven von Köcher-, Eintags- und Steinfliegen, aber auch Schnecken, Egel und Plattwürmer.
- In Wasserpflanzen und Wurzeln verstecken sich gerne Flohkrebse, aber auch Libellenlarven oder Wasserkäfer.
- Im Schlamm leben Tierchen, die Verschmutzungen aushalten, wie z. B. Schlammröhrenwürmer oder rote Zuckmückenlarven.

Welche Tierchen hast du entdeckt?

Die am Gewässergrund lebenden Tierchen sind für die Selbstreinigung eines Gewässers sehr wichtig!

☐ Wasserkäfer

☐ Wasserschnecke

☐ Wasserwanze

☐ Flohkrebs

☐ Libellenlarve

☐ Köcherfliegenlarve

☐ Eintagsfliegenlarve

☐ Steinfliegenlarve

Libellen

An Bächen, Teichen, Seen und Fließgewässern kannst du bei warmem Wetter Libellen fliegen sehen. Achte auf die beiden Flügelpaare: Sie sind schmal, meist durchsichtig, von Adern durchzogen und können unabhängig voneinander bewegt werden. Libellen jagen ihre Beute (z. B. Mücken) im Flug. Sie stechen aber nicht und sind für Menschen vollkommen ungefährlich.

Blaugrüne Mosaikjungfer

Eine Libelle schlüpft aus der Larvenhaut (Exuvie).

Die Weibchen legen ihre Eier im Wasser ab. Aus den Eiern schlüpfen Larven, die Kleintiere im Wasser erbeuten. Wächst die Larve, häutet sie sich. Bei der letzten Häutung platzt die Rückennaht auf. Die Libelle zwängt zuerst den Oberkörper, dann Beine und Hinterleib heraus, klettert an Wasserpflanzen empor und verlässt das Gewässer.

Ihren Kopf können Libellen vollständig drehen und mit ihren riesigen Facettenaugen in alle Richtungen sehen.

Die Blutrote Heidelibelle bei der Paarung

Die Gebänderte Prachtlibelle legt ihre Eier nur in Fließgewässern ab.

Wer findet Tettigonia?

Hast du schon einmal eine Heuschrecke gesehen? Heuschrecken sind Insekten. Sie haben vier Flügel, zwei schmale Vorderflügel und zwei breite, in Ruhelage eingefaltete Hinterflügel. Die Hinterbeine sind zu Sprungbeinen umgebildet. Um Weibchen anzulocken, »singen« Heuschrecken. Wenn du im Sommer spazieren gehst, kannst du den Gesängen lauschen. Vielleicht entdeckst du Tettigonia, die ganz schön laut singt!

Den lauten Gesang von Tettigonia viridissima, auch Grünes Heupferd genannt, kann man schon aus 200-300 m Entfernung hören. Du findest die rund 3-4 cm große Langfühlerschrecke in Brachen, an sonnigen Weg- und Waldrändern, immer an warmen, trockenen und windgeschützten Stellen mit mindestens 30 cm hohen Pflanzen. Die Art ernährt sich hauptsächlich von Insekten.

frisch gehäutete Tettigonia

52

Der 1,3-2,2 cm lange Gemeine Grashüpfer (Chorthippus parallelus) lebt auf sonnigen Wiesen, an Böschungen und an Wegrainen, die weder zu nass noch zu trocken sind. Er ernährt sich rein pflanzlich und ist vielerorts noch häufig. Sein Gesang ist 10 m weit zu hören.

Bei den Heuschrecken unterscheidet man Kurzfühlerschrecken mit kurzen und Langfühlerschrecken mit langen Fühlern. Beim Singen reiben die meisten Kurzfühlerschrecken die Hinterbeine an Adern der Vorderflügel. Langfühlerschrecken bewegen die übereinandergelegten Vorderflügel, auf denen Organe zur Lauterzeugung sitzen, gegeneinander.

Hast du Langfühler- oder Kurzfühlerschrecken gefunden?

....

Am ....

Ort ....

Anzahl ....

Tettigonia zählt zu den

☐ Kurzfühlerschrecken

☐ Langfühlerschrecken

Chorthippus ist eine

☐ Kurzfühlerschrecke

☐ Langfühlerschrecke

Federn

Alle Vögel haben ein Gefieder, das vor Wasser und Kälte schützt. Die Färbung des Gefieders kann auffallend oder zur Tarnung ganz unscheinbar sein. Da die Federn aus totem Material (Keratinen) bestehen und nicht repariert werden können, nutzen sie sich ab und müssen regelmäßig erneuert werden. Von Zeit zu Zeit, meist nach der Fortpflanzungszeit, fallen sie nacheinander aus. Den Federwechsel nennt man »Mauser«.

Hast du eine Feder gefunden? Schau sie dir genau an. Vielleicht kannst du erkennen, um welchen Federn-Typ es sich dabei handelt:

Schwungfedern

bilden den Vogelflügel.
Kennzeichen: relativ groß,
stabil, unsymmetrische Form,
kräftige Federkiele, steif

Deckfedern

bedecken dachziegel-
artig Kopf, Rumpf und
Flügelansätze.
Kennzeichen: symmetrische
Form, relativ breit, an
der Basis daunenartiger
Teil, weniger groß und
steif als Steuer- und
Schwanzfedern

Dunen (Daunen)

liegen nahe an der Haut
und wärmen.
Kennzeichen: frei stehen-
de Dunenäste, die nicht
miteinander verhakt sind

Federkiele wurden im Mittelalter zum Schreiben genutzt.

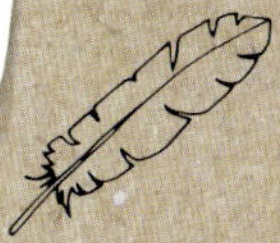

Kannst du erkennen, um welchen Federn-typ es sich bei diesen Federn handelt?

1 ....
2 ....
3 ....
4 ....
5 ....
6 ....
7 ....
8 ....
9 ....
10 ....
11 ....
12 ....
13 ....

1
2
3
4
5
6
7
8
9
10
11
12
13

Kleine **Schneckenkunde**

Schnecken haben einen weichen, länglichen, halbrunden Körper, der von einer schleimigen Haut bedeckt ist. Auf nassem Untergrund können sie am besten kriechen. Dabei hinterlassen sie eine Schleimspur. Der Schleim hilft ihnen, auf dem Untergrund zu gleiten, und schützt ihren Körper vor Verletzungen. Schnecken meiden Licht und Sonne, die ihren feuchten Körper austrocknen könnten. Aus diesem Grund sind sie auch meist nachts auf Futtersuche.

Am Kopf der Weinbergschnecke sitzen zwei Paar Fühler. Auf der Spitze des längeren Fühlerpaars sitzen die Augen. Mit ihnen kann die Schnecke hell und dunkel unterscheiden und Bewegungen erkennen. Die kürzeren Fühler dienen zum Riechen und Tasten.

Im Garten frisst die Weinbergschnecke am liebsten Salat. Ihre Zunge ist mit winzig kleinen Hornzähnchen bedeckt, die die Nahrung zerkleinern.

Schnecken findest du in Gärten, Parks, in lichten Wäldern oder auf Wiesen, am häufigsten an schattigen und feuchten Orten. Hast du Nackt- oder Gehäuseschnecken gefunden? Vielleicht die Weinbergschnecke? Oder waren es diese:

☐ Rote Wegschnecke

Ort ....

☐ Schwarze Wegschnecke

Ort ....

☐ Spanische Wegschnecke

Ort ....

Die einzelnen Wegschneckenarten kann nur ein Fachmann unterscheiden. In Gärten tritt oft die Spanische Wegschnecke auf.

☐ Gerippte Bänderschnecke
(Gehäuse mit gerippter Oberfläche)

Ort ....

☐ Hainbänderschnecke
(dunkle Gehäusemündung)

Ort ....

☐ Gartenbänderschnecke
(helle Gehäusemündung)

Ort ....

Sternschnuppen

Wenn der Himmel klar und wolkenlos ist, sind nachts im August helle, kurz aufzuckende Linien zu sehen. Es sieht so aus, als würden Sterne vom Himmel fallen, die alle aus einer Richtung zu kommen scheinen: Sternschnuppen (Meteore)! Was wir sehen, sind aber gar keine stürzenden Sterne, sondern Lichterscheinungen, die entstehen, wenn sich die Erde durch die Flugbahn eines Kometen bzw. durch einen Meteroidenstrom bewegt.

Unsere Erde ist ein Planet, der wie andere Planeten auch die Sonne in einer elliptischen Bahn umkreist.

Ein Komet, auch Schweifstern genannt, ist ein kilometergro-ßer Himmelskörper, der die Sonne ebenfalls umkreist, aber in anderen Bahnen als die Erde. Der Komet besteht aus Gas und kleineren Eis- und Steinbrocken. Diese Teilchen verteilen sich im Laufe der Zeit entlang seiner Um-laufbahn und bilden einen Meteori-denstrom. Auf einer solchen Bahn sind wie in einem Schneegestöber ganz viele Staubkörner und Steinchen unterwegs. Wenn die Meteoriden mit hoher Ge-schwindigkeit in unsere Erdatmosphäre eindringen, glühen sie kurz als Meteor (Sternschnuppe) auf und verdampfen.

Wie viele Sternschnuppen hast du gezählt?

Datum ....

Anzahl ....

Man darf sich etwas wünschen, wenn eine Sternschnuppe über den Himmel huscht. Den Wunsch soll man aber für sich behalten, denn sonst geht er nicht in Erfüllung! Ob das wohl stimmt?

☐ ja   ☐ nein

Ausflug ans Meer

Tag und Nacht, ununterbrochen, spülen die Wellen Meerwasser an den Strand. Dabei setzen sich Schmutz- und Nährstoffe, aber auch winzige Lebewesen (Algen, Plankton) zwischen den Sandkörnern ab. So wird das Wasser ständig gefiltert und bleibt sauber. Mit der Flut werden Tang, Seegras, Holz, Netze, Plastikabfälle und Tiere aus dem Meer angeschwemmt. Das Treibgut bleibt am Strand liegen und sammelt sich im Spülsaum.

☐ Blasentang

☐ Herzmuscheln

☐ Eier der Wellhornschnecke

☐ Kammmuschel

☐ Seegras

60

Was hast du im Spülsaum gefunden?

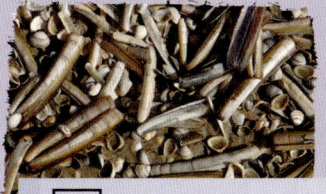

☐ Austern

☐ Schotenmuschel

☐ Schulp eines Tintenfischs

☐ Strandkrabbe

☐ Seepocken

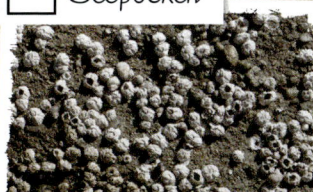

☐ Miesmuschel

☐ Einsiedlerkrebs

☐ Seeigel

☐ Qualle

☐ Seestern

Herbstnebel

Es wird Herbst. Am Morgen liegt ein Nebelschleier über Wald und Wiesen. Nach und nach klart sich die Luft auf. Die Sonne zeigt sich und nachmittags fängst du an zu schwitzen. Doch schon am Abend wird es ziemlich kühl, nachts sogar richtig kalt, vor allem am Boden. Am nächsten Tag hängt morgens wieder Nebel in der Luft. Wie kommt das?

Nebel besteht aus winzigen Wassertröpfchen. Sie sind so leicht, dass sie in der Luft schweben und einen weißlichen Schleier bilden, durch den wir kaum hindurchsehen können. Nebel entsteht, wenn warme Luft, die voll ist mit (unsichtbarem) Wasserdampf, sich nachts über dem kalten Boden wieder stark abkühlt. Der Wasserdampf verdichtet sich dann zu Wassertröpfchen.

Nebel entsteht im Herbst vor allem in der Nähe von Flüssen, Bächen und Seen. In den Gewässern ist das Wasser vom Sommer noch warm, die Luft über dem Wasser wird nachts jedoch sehr kalt. Über dem warmen Wasser erwärmt sich die kalte Luft, nimmt Feuchtigkeit auf und wandert als feiner Wasserdampf nach oben. Dort, in den kälteren Luftschichten, verdichtet sich der Wasserdampf zu Nebeltröpfchen.

Willst du sehen, wie der unsichtbare Wasserdampf in der Luft sich zu Tröpfchen verdichtet? Dann fülle Eisstücke in ein wassergefülltes Trinkglas und warte ab. Bald wirst du erkennen, dass die äußere Glaswand trüb wird und schließlich viele winzige Wassertröpfchen außen am Glas herabrinnen. Das ist Wasserdampf aus der Luft, der sich an der kalten Glaswand zu kleinen Tröpfchen verdichtet hat.

Experiment durch-
geführt am

....

Ergebnis bestätigt

☐ ja   ☐ nein

Warst du mal im September morgens im Wald spazieren? Dann sind dir vielleicht am Waldrand in Bodennähe Spinnennetze mit Tautropfen aufgefallen. Tau besteht aus Wassertropfen, die sich an kalten Gegenständen oder Pflanzen abgesetzt haben.

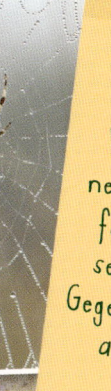

Laubbäume

Im Sommer sind die Blätter der Laubbäume noch grün. Werden im Herbst die Tage kürzer, bildet der Baum bestimmte Enzyme (Wirkstoffe). Sie führen dazu, dass sich die Blätter verfärben und nach einiger Zeit schließlich abfallen.

Laubbaum im Herbst

Über die Oberfläche der großen, flachen Blätter der Laubbäume kann viel Wasser verdunsten. Im Winter kann der Baum aus dem gefrorenen Boden aber kein Wasser aufnehmen und das verdunstete Wasser somit nicht ersetzen. Wenn die Blätter im Herbst abfallen, ist der Laubbaum vor Wasserverlust geschützt.

Ahornblatt in Herbstfärbung

Sammle die Blätter verschiedener Baumarten. Lege sie nebeneinander und vergleiche sie mit den Abbildungen. Welche Blätter hast du gesammelt? Schreibe auf, welche Farbe sie im Herbst angenommen haben!

☐ Eberesche
Farbe: ....

☐ Birke
Farbe: ....

☐ Apfelbaum
Farbe: ....

☐ Birnbaum
Farbe: ....

☐ Buche
Farbe: ....

☐ Schwarzerle
Farbe: ....

☐ Grauerle
Farbe: ....

☐ Ahorn
Farbe: ....

Seltsame **Blattgebilde**

Vielleicht sind dir auf der Unterseite von Eichenblättern schon einmal Aufwüchse aufgefallen, die aussehen wie Mini-Äpfel? Das sind sogenannte Galläpfel, die durch Gallwespen hervorgerufen werden. Und zwar so: Ein Gallwespen-Weibchen fliegt nach der Paarung zu einem Eichenblatt und legt ein befruchtetes Ei an der Blattunterseite ab. Kurz darauf schlüpft eine Larve, die einen Saft absondert, der das Eichenblatt dazu anregt, eine mehrere Zentimeter große Galle zu bilden.

In jedem bis zu 2 cm großen Gallapfel befindet sich eine Kammer mit einer Gallwespenlarve. Im Herbst, wenn das Blatt mit den Galläpfeln auf den Boden fällt, verpuppt sich die darin enthaltene Larve. Im Winter schlüpft daraus ein Weibchen.

Eichengallwespe beim Schlüpfen

Die Weibchen der Wintergeneration legen unbefruchtete Eier in die Knospen der noch kahlen Eiche. Dort entwickeln sich bis zum nächsten Frühjahr millimeterkleine purpurrote oder bräunliche Gallen, die mit Haaren bedeckt sind. Im Frühsommer schlüpfen daraus männliche und weibliche Gallwespen der Sommergeneration, die sich paaren.

Rosengallen sind zottig behaarte Auswüchse auf den Trieben der Rose. Zunächst sind sie grün, später rot. Im Herbst verholzen die Gallen, verfärben sich bräunlich und sind besonders auffallend, wenn die Rose ihre Blätter abgeworfen hat. Alte Gallen können noch monate- bis jahrelang an den Rosenzweigen hängen bleiben.

Im Innern der Galle befinden sich mehrere Kammern mit jeweils einer Larve der Rosengallwespe. Diese verbringen in der

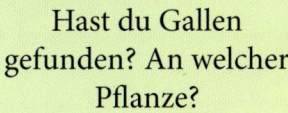

Galle den Winter und entwickeln sich zur 3 mm langen Rosengallwespe, die im Frühjahr ins Freie fliegt. Die ausgewachsenen Rosengallwespen ernähren sich von Nektar und Honigtau, die Larven vom Pflanzenmaterial im Innern der Galle.

Hast du Gallen gefunden? An welcher Pflanze?

....

....

....

Immergrün

Tannen und Fichten zählen zu den Nadelgehölzen. Sie tragen das ganze Jahr über, auch im Winter, grüne Blätter. Durch ihre Nadelform haben die Blätter eine kleine Oberfläche. Außerdem schützt ihre dicke Außenhaut, die mit einer Wachsschicht überzogen ist, das ganze Jahr über vor Austrocknung und Wasserverlust.

Kannst du Nadelgehölze anhand ihrer Blätter erkennen? Vergleiche deine Fundstücke mit diesen Abbildungen!

Weißtanne
(Abies alba)

Rotfichte
(Picea abies)

Europäische Lärche
(Larix decidua)

Gemeine Kiefer
(Pinus sylvestris)

Kleine Zapfenkunde

- Kiefernzapfen 3-6 cm lang, rundlich bis kugelförmig; ganz abfallend
- Fichtenzapfen: zylindrisch, länglich, bis 18 cm lang, am Baum hängend, ganz abfallend
- Tannenzapfen: zylindrisch länglich, 8-15 cm lang, am Ast aufrecht stehend
- Lärchenzapfen: 2,5-4 cm lang, eiförmig, bleiben am Ast

Merke:

Fichtenzapfen hängen,
Tannenzapfen stehen.

Welches Nadelgehölz sieht man in Deutschland besonders oft?

....

Pilzzeit

Wenn du im September und Oktober spazieren gehst, wirst du im Wald oder am Waldrand viele Pilze entdecken. Manche Pilze sind essbar, andere giftig. Pilze sollte man deshalb nur mit der Hilfe von Pilzkennern sammeln oder den Pilzkorb von Beratungsstellen kontrollieren lassen!

Hutpilze bilden einen hutförmigen Pilzfruchtkörper aus. Den Pilzfruchtkörper essen wir, wenn wir Pilze essen. Auf der Unterseite des Pilzhuts siehst du Röhren (z. B. beim Steinpilz) oder Lamellen (z. B. beim Champignon oder beim Fliegenpilz), in denen sogenannte Sporen gebildet werden. Wenn sie reif sind, fallen sie heraus und werden vom Wind weggepustet.

Wenn eine Pilzspore im Boden auskeimt, wächst sie kreisförmig in alle Richtungen auseinander und bildet unterirdisch ein verzweigtes Netz oder Geflecht aus Fäden. Das Fadengeflecht (-netz) ist der eigentliche Pilz. Es zieht sich durch totes Material oder den Boden und entzieht ihm Nährstoffe. Irgendwann bildet es Fruchtkörper aus, die aus der Erde sprießen und oberirdisch einen Kreis bilden. Diesen Kreis aus Pilzfruchtkörpern nennt man Hexenring, da man früher glaubte, er sei das Werk von Hexen.

Welchen Pilz hast du schon einmal gegessen?

☐ Hallimasch

☐ Pfifferling

☐ Champignon

☐ Steinpilz

Essbare Pilze

Welche Giftpilze hast du im Wald entdeckt?

☐ Kartoffelbovist

☐ Fliegenpilz

Giftige Pilze

☐ Knollenblätterpilz

Wem ähnelt der Knollenblätterpilz?

....

Kartoffelernte

Kartoffeln werden im September geerntet. Die dicken braunen Knollen, die in der Erde wachsen und gekocht so gut schmecken, sind aber keine Früchte und auch keine Wurzelknollen. Es handelt sich dabei vielmehr um die Sprossknollen der Kartoffelpflanze (also die Knollen des »Stiels«). Sie entstehen an den Enden unterirdischer Ausläufer, die sich als Seitenzweige an Kartoffelpflanzen bilden. In den Knollen speichert die Pflanze Nährstoffe (Stärke).

Die grünen Blätter, Blüten und Früchte der oberirdisch wachsenden Kartoffelpflanze enthalten das giftige Solanin und sind nicht essbar. Aus den gelblich-grünen Früchten (Beeren mit Samen) können neue Kartoffelpflanzen entstehen.

Kartoffelblüte

Enthalten Kartoffeln wirklich Stärke? Tropfe Jodlösung aus der Hausapotheke auf eine Kartoffelscheibe. Wenn sie sich nun dunkelblau verfärbt, enthält die Kartoffel Stärke, einen pflanzlichen Speicherstoff, der für unsere Ernährung wichtig ist.

Die sogenannten »Augen« der Kartoffelknolle sind Vertiefungen, die Seitenknospen enthalten. An ganz jungen Knollen kann man kleine, schuppenförmige Blättchen erkennen, an deren Achseln die »Augen« stehen. Aus den »Augen« treiben neue Kartoffelpflanzen aus.

Im April werden die Knollen (Mutterknollen) in die Erde gesetzt. Sie bilden Triebe aus, durchstoßen den Boden und entwickeln sich an der Oberfläche zur grünen Kartoffelpflanze.

Weitere Triebe wachsen unterirdisch als Erdsprosse weiter. An ihrem Ende können sich neue Sprossknollen entwickeln. Die Mutterknolle verschrumpelt und stirbt schließlich ab.

Der Kartoffelkäfer, wie auch die Kartoffel, stammt ursprünglich aus Nordamerika. Er ernährt sich (ebenso wie seine Larve) von den oberirdischen Pflanzenteilen der Kartoffel, die Knolle im Boden stirbt dabei ab. Dadurch können Kartoffelkäfer bei Massenvermehrung riesige Schäden auf Kartoffelfeldern verursachen.

Kartoffelkäfer

Kartoffelkäferlarve

Jede Menge **Früchte**

Im Spätsommer und Herbst reifen viele Früchte. Der Kastanienbaum bildet die Kastanienfrucht, der Apfelbaum den Apfel und die Buche die Buchecker. Alle Früchte sind aus Blüten – genauer gesagt aus einem oder mehreren Fruchtknoten – entstanden und umschließen Samen. Man könnte Früchte auch »Blüten im Zustand der Samenreife« nennen. Man unterscheidet verschiedene Arten:

Spring- und Streufrüchte öffnen sich nach dem Reifen und lassen dann die Samen frei. Dazu gehören die Hülsenfrüchte von Bohne und Erbse.

Erbse

Schließfrüchte öffnen sich, wenn sie reif sind, nicht, ihr Samen wird nämlich von einer Fruchtwand umschlossen. Trockene Schließfrüchte sind Nüsse, ihr Samen wird von einer holzigen, ledrigen oder häutigen Fruchtwand umschlossen (wie bei Eichel oder Buchecker).

Buchecker

Weinbeere

Beeren sind saftige Schließfrüchte. Das saftige Fruchtfleisch umschließt zahlreiche Samen. Zu den Beeren zählen Weinbeere, Gurke, Kürbis, Tomate und Paprika.

Bei den Steinfrüchten
(z. B. Kirsche, Aprikose
oder Walnuss) wird nur der
äußere Teil der Fruchtwand
fleischig, der innere hart.

Kirsche

Erdbeere

Bei der Erdbeere entwickelt sich der Blütenboden zu einem fleischigen, roten, aufgewölb-
ten Gebilde, dem zahlreiche Nüsschen aufsit-
zen, es entsteht eine Sammelnussfrucht. Auch
die Hagebutte zählt zu diesem Fruchttyp.

Bei Brom- und Himbeere entwickeln sich
die einzelnen Fruchtknoten bei der Reife
zu Steinfrüchtchen. Es entsteht
eine Sammelsteinfrucht.

Himbeere

Kannst du diese Früchte zuordnen?

Brombeere
....

Haselnuss
....

Pfirsich
....

Nützliche Früchte- und Samenfresser

Viele Waldtiere fressen Samen und Früchte. Der Eichelhäher zum Beispiel. Im Herbst sammelt er große Mengen und vergräbt einen Teil davon am Waldrand als Vorratsnahrung für den Winter. Da er nicht alle seine Verstecke wiederfindet, bleiben manche Samen in der Erde, keimen aus und wachsen später zu Bäumen oder Sträuchern heran. So fördert der Eichelhäher die Ausbreitung von Samen und verjüngt den Wald.

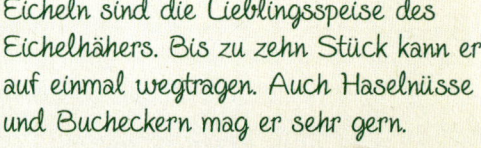

Eicheln sind die Lieblingsspeise des Eichelhähers. Bis zu zehn Stück kann er auf einmal wegtragen. Auch Haselnüsse und Bucheckern mag er sehr gern.

Keimende Eichel. Aus ihr kann sich ein großer Baum, die Eiche, entwickeln.

Brombeeren und andere rote Saftfrüchte werden von vielen kleinen und großen Tieren gern gefressen. Die Samen gelangen in deren Darm und werden anschließend mit dem Kot ausgeschieden. Versorgt mit Feuchtigkeit und Dünger, können sie nun schnell auskeimen und zu einer neuen Pflanze heranwachsen.

Grünfink

Maus

Samen bestimmter Pflanzen wie Schneeglöckchen, Leberblümchen oder Walderdbeeren besitzen Anhängsel mit nährstoffreichen Stoffen, die Ameisen anlocken. Die Tierchen schleppen die Samen mit sich herum und tragen so zur Ausbreitung der Pflanzen bei.

Welche Samen und Früchte hast du im Laubwald, auf Lichtungen oder am Waldrand entdeckt?

....

....

....

Nichts wie weg!

Hast du im Spätsommer schon einmal riesige Vogelschwärme am Himmel beobachtet? Das sind Zugvögel. Sie versammeln sich im Herbst, um dem Winter zu entfliehen und gemeinsam nach Süden zu ziehen. Denn während bei uns in der kalten Jahreszeit Nahrungsmangel herrscht, weil der Boden zugefroren ist und keine Insekten mehr fliegen, gibt es in den warmen Gebieten am Mittelmeer und in Afrika in den Wintermonaten ausreichend Futter, auch für Insektenfresser.

Schwalben

Wie viele Vogelschwärme hast du gesehen?

Ende August ....

September ....

Oktober ....

November ....

Sobald die Tage kürzer werden, ver-
ändern sich Hormone (Botenstoffe) im
Blut der Zugvögel. Die Tiere werden
unruhig, versammeln sich und fliegen
schließlich gemeinsam los. Der Weg,
den sie fliegen müssen, um ihr Ziel zu
erreichen, ist ihnen bekannt. Tagzieher,

Mönchsgrasmücke

die tagsüber fliegen, wie zum Beispiel die Schwalben, orientieren sich
dabei an der Sonne und an der Landschaft, Nachtzieher wie Mönchsgrasmücke und Schilfrohrsänger an den Sternen. Auch das Magnetfeld der
Erde hilft den Zugvögeln, den richtigen Weg zu finden.

Hausrotschwanz

Kiebitz

Bachstelze

Hausrotschwanz, Bach-
stelze und Kiebitz sind
Kurzstreckenzieher, sie
überwintern in Südwest-
europa (z.B. in Spanien,
Portugal, Süd-
frankreich).

Weißstorch

Schilfrohrsänger

Langstreckenzieher
wie Weißstorch,
Rauchschwalbe, Mau-
ersegler und Schilf-
rohrsänger fliegen bis
nach Afrika.

Rauchschwalbe

Igel

Hast du bei euch im Garten, Park oder am Waldrand schon einmal Igel beobachtet? Wahrscheinlich abends oder nachts, wenn die Tiere auf Nahrungssuche gehen. Tagsüber verkriechen sie sich nämlich zwischen Baumwurzeln, in hohlen Baumstämmen, verlassenen Tierbauen oder in Reisighaufen. Im Oktober, wenn es draußen kühler und die Nahrung knapper wird, suchen sie sich einen Schlafplatz (z. B. unter Hecken, in Laubhaufen) und beginnen mit dem Bau des kugeligen Winternests aus Blättern, Gras und Moos. Dort rollen sich die Tiere ein und halten Winterschlaf bis April (siehe S. 92).

Willst du Igel in euren Garten locken? Dann sorge dafür, dass sie dort Nahrung und Winterquartiere finden. Verzichte auf den Einsatz von Giften (z.B. Schädlingsbekämpfungsmittel) und lass in einigen geschützten Ecken Unkräuter wachsen, damit sich dort Insekten und Kleintiere ansiedeln. Laub- und Reisighaufen oder Holzstöße bieten dem Igel Versteckmöglichkeiten und eignen sich auch als Winterschlafplatz.

Die meisten Igelbabys kommen im August oder September zur Welt. Schon im Alter von vier Wochen gehen sie allein auf die Jagd, um Insekten und andere Kleintiere zu erbeuten. Wichtig ist, dass sie sich ein dickes Fettpolster anfressen, damit sie den Winter überstehen. Wenn die Kleinen etwa zwei Monate alt sind, verlassen sie ihre Mutter, suchen sich ein eigenes Revier und bauen sich dort ein eigenes Winternest.

Igel entdeckt!

Ort ....

Datum ....

Anzahl ....

Flinke **Kletterkünstler**

Eichhörnchen leben hoch oben in den Baumkronen des Waldes. Auch in Gärten kannst du die Kleinsäuger mit dem langen, buschigen Kletterschwanz dabei beobachten, wie sie flink von Ast zu Ast springen. Ihre Nahrung besteht hauptsächlich aus Nüssen, Baumsamen, Beeren, Rinden, Knospen, sie vertilgen aber ebenso Insekten, Vogeleier und Jungvögel.

Ihre Wintervorräte buddeln Eichhörnchen im Herbst meist am Fuß von Bäumen ein. Tannen- und Fichtenzapfen beißen sie vom Zweig ab und schleppen sie an eine andere Stelle. Dort halten sie den Zapfen schräg und nagen ihn ab, während sie ihn ständig drehen. Die unteren Schuppen reißen sie heraus.

Achte auf diese Fraßspuren:

- zerfranste Zapfenreste, bei denen die obersten Schuppen stehen bleiben
- abgebissene Zapfenschuppen
- Reste einer Haselnuss, die oben angenagt und in zwei Hälften gespalten ist

Welche Spuren hast du entdeckt?

....

....

....

82

Hast du ein kugeliges Nest aus Zweigen mit einem Außendurchmesser von 30-50 cm und ein oder zwei seitlichen Eingangslöchern entdeckt? Dann könnte es von einem Eichhörnchen stammen. In seinem Kobel ruht es sich an Regentagen und im Winter aus.

Nach der Paarung bringt das Weibchen im Kobel ein bis sechs Junge zur Welt. Anfangs sind sie noch nackt und blind. Nach etwa 15 Tagen wächst ihr Fell, nach 30 Tagen öffnen sie die Augen und es bilden sich die ersten Nagezähne. Insgesamt neun Wochen lang werden sie von der Mutter gesäugt.

Da Eichhörnchen-Babys zweimal im Jahr, im März/April und zwischen Mai und August, geboren werden, kannst du auch noch im Herbst Jungtiere beobachten.

Die Müllabfuhr
im Wald

Wenn im Herbst die Blätter der Laubbäume fallen, entsteht auf dem Waldboden eine dicke Laubschicht. Winzige Lebewesen im Boden, Kleintiere wie Springschwänze, Asseln, Milben, Würmer, Schnecken und die Larven verschiedener Insekten helfen dabei, das abgestorbene Pflanzenmaterial zu zersetzen und in Erde umzuwandeln.

Steinkriecher
3 cm lang

Springschwänze
1–2 cm lang

Lederlaufkäfer
3–4 cm lang

Ohrwurm
1,6 cm lang

Rote Waldameisen
5–7 cm lang

Regenwurm
bis 30 cm lang

Assel
1–2 cm lang

Weberknecht
Körper: 7 mm, Beine bis 3 cm

Zieh dir Gartenhandschuhe an und suche im Laub, in der Erde, in Baumstümpfen oder zwischen Totholz am Boden nach Lebewesen. Beobachte sie in einem leeren Marmeladenglas oder in einer Becherlupe. Wer hat Beine und wer keine? Zähle nach!

Tierklasse	Assel	Lauf-käfer	Regen-wurm	Spring-schwanz	Weber-knecht	Ohr-wurm	Stein-kriecher	Ameise
Sechsfüßer/ Insekten 6 Beine 1 Paar Fühler 2 Paar Flügel (manchmal zurückgebildet								
Spinnentiere 8 Beine keine Fühler keine Flügel								
Tausendfüßer Mehr als 18 Beine 1 Paar Fühler keine Flügel								
Krebstiere 14 Beine 2 Paar Fühler keine Flügel								
Würmer keine Beine keine Fühler								

Geschützt
unter der Erde

Hügelnest der
Roten Waldameise

Waldameisen leben in einem Ameisenstaat. Er besteht aus Tausenden von flügellosen Arbeiterinnen und einer einzigen geflügelten Königin. Die Königin legt Eier. Die Arbeiterinnen sammeln Nahrung, schaffen den Müll weg, füttern die Königin, pflegen die Eier, Larven und Puppen, vergrößern das Nest und bewachen es.

Innen im Nest liegen verschiedene Kammern. Es gibt eine Eikammer, eine Speisekammer, eine Müllhalde und ein Königinnenzimmer. In der Kinderstube befinden sich die weißlichen Larven und die Puppen, aus denen die Ameisen schlüpfen.

Ameisen bei der Brutpflege

Ameisensoldat bewacht einen Eingang zum Nest.

Im Herbst verschließen die Ameisen alle Gänge ihres Baus und ziehen sich in ihr Winternest zurück. Es liegt mehrere Meter tief unter der Erde. Der obere Teil des Ameisenbaus dient als Frostschutz, unten versammeln sich die Tierchen und fallen in Kältestarre, bis der Winter vorbei ist.

Waldameisen sind im Wald sehr nützlich: Sie zerschneiden morsches Holz, verbreiten Pflanzensamen (z. B. die von Veilchen) und beseitigen tote Tiere. Außerdem vertilgen sie Raupen, die die Blätter von Bäumen und Sträuchern fressen. So sorgen sie dafür, dass sich Waldschädlinge nicht zu stark vermehren.

Rote Waldameise mit Raupe

Hast du im Wald schon einmal das Hügelnest einer Waldameise gesehen? Wie hoch war es?

....

87

Eis und Schnee

Kalte Temperaturen im Winter lassen Wasser zu Eis gefrieren. Regentropfen verwandeln sich in Schneeflocken, die Bäume, Häuser, Straßen mit einer weiß glitzernden Decke umhüllen. Wenn du eine Schneeflocke unter der Lupe betrachtest, siehst du, dass sie aus einzelnen, miteinander verketteten Schneekristallen zusammengesetzt ist.

Eisblumen an Fenstern sind eine Sonderform des Raureifs.

Schneeflocken sind gefrorene Regentropfen, die im Eiszustand Kristalle bilden.

Raureif bildet sich, wenn sich Wasserdampf aus der Luft als Tau an Gegenständen oder Pflanzen absetzt und gefriert oder wenn Nebeltröpfchen gefrieren.

Schnee ist Wasser

Wasser kann vom gasförmigen Zustand (Wasserdampf) in den flüssigen und (bei Temperaturen von 0 °C und darunter) in den festen Zustand (Schnee, Eis) übergehen. Als Dampf sind die Wasserteilchen nicht fest miteinander verbunden. Sie sausen sozusagen einzeln durch die Luft. Im flüssigen Zustand bilden die Wasserteilchen ständig wechselnde Gruppen, die brückenartig miteinander verbunden sind. Beim Gefrieren erstarren die Wasserteilchen. Sie bilden feste Kristalle und ordnen sich in Form eines Sechsecks an.

Im Sommer hängt man die nasse Wäsche draußen an die Leine, damit sie schneller trocknet. Das flüssige Wasser geht in den gasförmigen Zustand (Wasserdampf) über. Wasser kann auch in gefrorenem Zustand verdunsten. Bei trockener Luft und Kälte wird das flüssige Wasser in der Wäsche zu Eis und verdampft (verdunstet). Es geht also vom festen Zustand (Eis) direkt in den gasförmigen Zustand über und wird vorher gar nicht mehr flüssig. Wenn du im Winter bei Frost nasse Wäsche draußen aufhängst, trocknet sie sogar schneller als im Haus.

Ein Schneemann kann, wenn er bei Dauerfrost im Schatten steht, ohne zu schmelzen allmählich verschwinden, das heißt, von Eis direkt in Wasserdampf übergehen.

Vorbereitet
auf den Winter

Im Winter mummeln wir uns in dicke Mäntel und ziehen Woll-
mützen über die Ohren. Tiere schützen sich auf andere Weise
vor der Kälte. Viele legen schon im Herbst Nahrungsvorräte
an, fressen sich ein dickes Fettpolster an oder bauen einen
frostsicheren Unterschlupf. Bei vielen Säugetieren wächst ein
dichtes Winterfell, Vögel plustern bei Kälte ihr Gefieder auf.
Bei einigen Tierarten verfärbt sich im Winter das Fell oder
Gefieder weiß.

Wildschweine

Hirsch

Bei Reh und Hirsch ist das Fell im Winter graubraun, im Sommer rötlich. Beim Wildschwein sind die Haarspitzen im Sommer weiß, im Winter dunkel gefärbt.

Rehe

Alpenschneehuhn

Schneehase

Hermelin

Winterfell

Sommerfell

Sehr feine und dicht stehende Woll-
oder Flaumhaare im Fell der Säuge-
tiere schützen vor Auskühlung. Auch
Haustiere wie die Katze haben im
Winter ein dichtes Fell. Im Frühjahr
verlieren sie ihre Winterhaare (die
»Unterwolle«) wieder.

Rotkehlchen mit aufgeplustertem
Gefieder. Das Luftpolster zwischen
den feinen Unterfedern (Daunen,
Dunen) schützt vor Kälte.

Plustern sich auch andere Vogelarten im Winter auf, um sich vor Kälte
zu schützen? Welche Vögel hast du beobachtet?

Art .... Ort .... Datum ....

Art .... Ort .... Datum ....

Art .... Ort .... Datum ....

Winterschläfer

Manche Tiere finden im Winter kaum noch Nahrung, zu wenig, um den Körper warm zu halten. Deshalb fressen sie sich im Herbst ein dickes Fettpolster an und verkriechen sich dann an Orten, die Schutz vor Kälte bieten, wie hohle Baumstämme, Höhlen, Erdgruben oder selbst gebaute Nester. Oft polstern sie ihren Unterschlupf zusätzlich mit Heu, Haaren, Wolle oder Blättern aus und machen es sich darin gemütlich. Den Körper eingerollt, schließen sie die Augen und fallen in einen schlaf-ähnlichen Zustand, den Winterschlaf.

Der Siebenschläfer verkriecht sich im Winter in seinem Schlafnest und liegt sieben Monate lang zusammengerollt auf dem Rücken, den Schwanz wie eine Decke über Bauch und Kopf gehüllt.

Auch Haselmaus und Igel halten Winterschlaf.

Während des Winterschlafs sinkt die normale Körpertemperatur auf Werte zwischen 9 °C und 1 °C ab. Atmung, Herzschlag und Blutumlauf verlangsamen sich. Im Frühling, wenn es wärmer wird, wachen die Winterschläfer wieder auf.

Mit zusammengefalteten Flughäuten an der Decke festgekrallt und mit dem Kopf nach unten halten Fledermäuse in Baumhöhlen, Mauerspalten, Kirchen, Kellern oder Felsspalten Winterschlaf. Meist rücken die Tiere dabei eng zusammen.

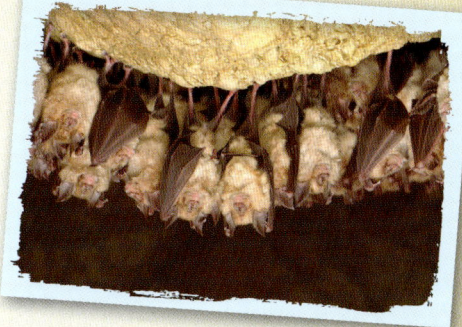

Murmeltiere leben in den Alpen. Im Winter halten sie in Bodenhöhlen sechs Monate lang Winterschlaf, eng aneinandergekuschelt.

Der Igel kann sich in Parks und Gärten ein Winterquartier aus Laub und Ästen einrichten. Er will im Winterschlaf aber nicht gestört werden!

Wo hast du schon einmal Igel beobachtet?

....

....

Winterruhe

In der kalten Jahreszeit suchen nicht nur die Winterschläfer ein frostsicheres Quartier auf. Eichhörnchen, Braun- und
Waschbär, Dachs und Biber begeben sich ebenfalls zu einem
geschützten Versteck oder in ihren Bau und halten dort Winterruhe. In diesem Zustand sinken Körpertemperatur und
Blutdruck nicht so stark ab wie beim Winterschlaf. Auch die
Atmung ist nicht verlangsamt. Außerdem wechselt das Tier
beim Schlafen auch mal seine Lage und kann die Winterruhe
jederzeit unterbrechen, um etwas zu fressen.

Der Braunbär hält bis zu sieben Monate lang in seiner Höhle Winterruhe. In diesem Dämmerzustand lebt
er nur von seinen Fettreserven.
Im Dezember und Januar, noch im Winterlager,
bringt die Bärin ihre Jungen zur Welt. Im Alter von
drei Monaten verlassen die Kleinen erstmals ihre
Höhle. Sie bleiben zwei Jahre lang bei der Mutter.

Bei Kälte verkriecht sich
das Eichhörnchen in seinen
trockenen und warmen Kobel
oder in einen Nistkasten
und schläft viel. Dabei rollt
es sich ein und wickelt den
buschigen Schwanz wie
eine Decke um sich.

In kalten Gebieten halten Dachse in ihrem Bau Winterruhe, die einige Tage bis mehrere Monate dauern kann.

Ab und zu verlassen die Tiere ihren Bau, um etwas zu fressen oder aufs Dachsklo, einem selbst gegrabenen Erdloch, zu gehen.

Waschbär im Schnee

Biber bauen an Gewässerufern aus abgenagten Ästen und Schlamm eine Burg mit Wohnröhre. Der Eingang liegt unterhalb der Wasseroberfläche. Wenn das Wasser rund um die Burg gefriert, verzieht sich die Biberfamilie in den Bau und ruht sich dort aus.

Im Winter sind Biberbaue besonders gut zu erkennen. Hast du einen entdeckt?

Gewässer........................

Ort   ....

Datum   ....

Spuren im Schnee

Nicht alle Tiere halten Winterschlaf oder Winterruhe. Einige sind auch im Winter unterwegs und auf der Suche nach Nahrung. Pflanzenfresser wie Rehe oder Hirsche scharren im Schnee, um etwas Essbares zu finden. Viele können winterharte Pflanzenteile (wie zum Beispiel Baumrinde) verdauen, schälen im Winter Zweige ab oder graben Wurzeln aus. Allesfresser wie der Rotfuchs oder das Wildschwein verschmähen in Notzeiten auch Aas und Abfälle nicht. Bei einem Winterspaziergang in Wald und Feld kannst du ihre Spuren im Schnee entdecken!

Hasenfährte

Hirsch im Schnee

Fuchsfährte

Rehspur

96

Welche Spuren
hast du gefunden?

Ort ....

Datum ....

Spuren von ....

....

....

Der Rotfuchs hält sich tagsüber in seinem Bau im Wald auf, abends und nachts streift er dort auf der Suche nach Nahrung umher. Im Januar und Februar, in der Fortpflanzungszeit des Rotfuchses, kannst du das Männchen auch tagsüber beobachten.

Der Feldhase buddelt an einem windgeschützten Platz im Boden eine Mulde (Sasse) und verharrt dort bewegungslos. Im Winter lässt er sich sogar einschneien und von der Schneedecke wärmen.

Der Baummarder zählt zu den Allesfressern, der abends und nachts auf Nahrungssuche geht. Tagsüber verkriecht er sich in Baumhöhlen oder verlassene Eichhörnchenkobel.

Kältestarre

Fische, Kröten, Frösche, Molche, Schlangen, Eidechsen oder Schnecken haben kein Fell und kein Gefieder, das vor Kälte schützt. Sie sind wechselwarme Tiere, ihre Körpertemperatur passt sich der Außentemperatur an. Damit sie im Winter nicht erfrieren, suchen sie sich in den kalten Wintermonaten frostsichere Verstecke und fallen in Kältestarre. Die Tiere verharren bewegungslos in ihrem Quartier, die Augen bleiben meist offen.

Wenn die Gewässer im Winter oben teilweise zugefroren sind, macht das den Fischen nichts aus. Sie schwimmen einfach in tiefere Bereiche, wo es noch ausreichend flüssiges Wasser mit einer Temperatur von etwa 4 °C gibt.

Die Körpertemperatur der Fische passt sich dieser Wassertemperatur an. Sie verstecken sich unter Steinen, bewegen sich kaum, dösen sozusagen im Stehen und verbrauchen in diesem Zustand nur wenig Energie.

Was passiert, wenn du mit einem Stock durch das Eis einer tiefen Pfütze stößt? Ist das Wasser darunter noch flüssig? ☐ ja ☐ nein

Alle Gewässer frieren im Winter von oben nach unten zu, unten bleibt das Wasser flüssig. Das Wasser in den oberen Bereichen gefriert, wenn es auf 0 °C abkühlt, zu Eis. Am Gewässergrund sorgt die Wärme des Bodens dafür, dass das Wasser nicht weiter abkühlt und gefriert. Nur wenn das Gewässer sehr flach ist und der umliegende Boden selbst bis zum Grund des Gewässers gefriert (z. B. bei flachen Pfützen), gefriert das Wasser bis zum Grund.

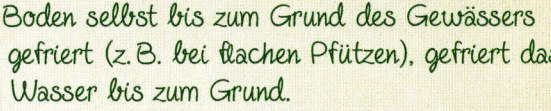

Die Erdkröte gräbt sich in der Erde ein, verkriecht sich unter Laub oder in Baumstümpfe und verfällt bis Ende Februar in Winterstarre.

Der Grasfrosch kann auch in Schlammlöchern oder im Wasser überwintern. Obwohl er zum Atmen Lungen hat, ertrinkt er im Wasser nicht, denn die kleinen Mengen an Sauerstoff, die er aus dem Wasser über die Mundschleimhäute und die Haut aufnimmt, reichen im Zustand der Winterstarre aus, um zu überleben.

Die Weinbergschnecke sondert eine Flüssigkeit ab, die an der Luft zu einem Deckel erstarrt. Der luftdurchlässige Kalkdeckel verschließt die Schalenmündung und schützt vor dem Erfrieren.

Kalte Füße? Egal!

Viele Wasservögel, z. B. Wildgänse und Kraniche, ziehen schon im Herbst in wärmere Gebiet, um dort zu überwintern. Stockenten und Schwäne verbringen dagegen den Winter bei uns in Mitteleuropa. Tagsüber halten sie sich am liebsten im offenen Wasser auf, denn dort ist es wärmer als an Land. Nachts suchen sie ein geschütztes Plätzchen am Ufer auf und ruhen sich mit aufgeplustertem Gefieder aus. Wenn die Lufttemperaturen unter −15 °C fallen, fangen die Vögel an zu zittern, um ihre Körpertemperatur aufrechtzuerhalten.

Wasservögel wie der Höckerschwan stehen im Winter mit ihren Füßen oft auf Eis und Schnee. Doch sie frieren trotzdem nicht. Ein Netz aus feinen Blutadern in den Beinen hilft ihnen dabei. Die Adern funktionieren wie ein Wärmeaustauscher. Um nicht zu viel Wärme zu verlieren, wird das 40 °C warme Blut aus dem Körper abgekühlt, bevor es unten in den Füßen angelangt. Und das kalte Blut von den Füßen, das zurück in den Körper fließt, wird aufgeheizt, bevor es oben ankommt.

Wasservögel fetten ihr Gefieder mit dem Schnabel ein, damit es wasserabweisend wird. Das Fett stammt aus einer Drüse (Bürzeldrüse) an der Schwanzwurzel.

Stockenten fressen vor allem Pflanzenteile, aber auch Kleintiere und Laich. Bei der Futtersuche tauchen sie den Kopf ins Wasser, der Schwanz ragt senkrecht nach oben. Mit ihrem Schnabel beißen sie Pflanzenteile ab.

Wasservögel finden auch im Winter genügend Nahrung. Niemals Speisereste und (verschimmeltes) Brot an Wasservögel verfüttern! Besser sind: Getreide, Kleie, Eicheln, weiche Kartoffelstücke (klein geschnitten).

Am Futterhäuschen

Standvögel ziehen – im Unterschied zu den Zugvögeln – im Herbst nicht in den Süden, sondern verbringen den Winter bei uns in Mitteleuropa. Die meisten dieser Vogelarten ernähren sich von Samen und Früchten, die sie auch in der kalten Jahreszeit finden.

Wenn der Boden zugefroren oder dick von Schnee bedeckt ist, kannst du Meisenringe aufhängen oder Futter in einem Vogelhäuschen auslegen. Küchenabfälle wie Brot, Käserinde, Kuchenreste und alles, was gesalzen und/oder gekocht ist, sollten aber nicht dabei sein, denn sonst werden die Tiere krank!

Das Vogelhäuschen sollte ein großes Dach haben, damit das Futter vor Regen, Wind und Schnee geschützt ist. Seine größte offene Seite sollte nach Süden oder Osten gerichtet sein. Am besten den Boden des Häuschens mit einer austausch- oder abwaschbaren Folie auslegen, denn die Futterstelle muss jeden Tag gesäubert werden! Die Reinigung sollte am besten ein Erwachsener übernehmen.

Winter-Speiseplan für Vögel

Körnerfresser
mögen eine Mischung aus Sonnenblumen (1/3), Hafer, Weizen, Mohn und Hirse.

Grünfink

Sperling

Gimpel

Stieglitz

Amsel

Weichfresser
freuen sich über Haferflocken, Rosinen oder Beeren (z.B. Holunder, Weißdorn) und klein geschnittene Äpfel.

Rotkehlchen

Heckenbraunelle

Welche Vogelarten hast du im Winter schon einmal bei der Futtersuche beobachtet?

....

....

....

Kletterkünstler

Im Winter kannst du den Kleiber in Laubmisch-
wäldern, Parks und Gärten gut beobachten. Er
klettert flink über Äste und Zweige und ist
in der Lage, kopfüber den Baumstamm
herunterzulaufen. Baumhöhlen,
verlassene Spechthöhlen oder
Mauerlöcher nutzt er als
Schlafplatz, Winterquar-
tier und Nistplatz.

Der Kleiber ist etwa so
groß wie eine Kohlmeise.

Seine Nahrung besteht aus Insekten, Spinnen und Samen. Meist
pickt er die Beute aus Rindenritzen heraus. Auch am Futterhäus-
chen bedient er sich gern.

Bucheckern und hartschalige
Haselnüsse klemmt er oft in
Borkenspalten an den Baum und
öffnet sie, indem er mit dem
Schnabel kräftig darauf hämmert.

Seine Bruthöhle sucht sich der Kleiber meist schon im Februar aus. Ist sie gefunden, kleidet das Weibchen sie mit Rinde, Haaren, Gras oder Federn aus. Der Eingang wird mit Lehm verklebt (»verkleibert«), sodass das Eingangsloch gerade so weit ist, dass der Kleiber selbst durchpasst.

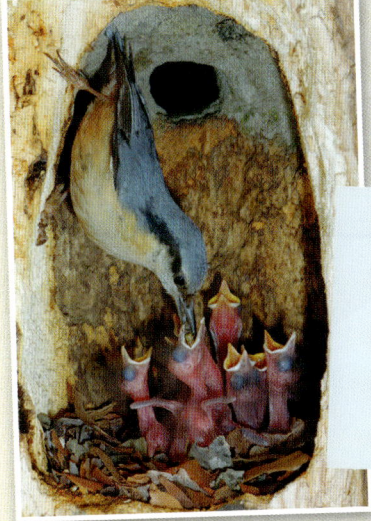

Im März legt das Weibchen fünf bis neun Eier hinein und brütet sie zwei bis drei Wochen lang aus. Aus den Eiern schlüpfen die Jungen, die mehr als drei Wochen lang mit Insekten gefüttert werden.

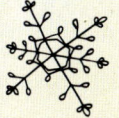

Wie kam der Kleiber zu seinem Namen?

....

Wo hast du Kleiber beobachtet? Hast du auch seine Bruthöhle entdeckt?

....

Lautloser Jäger

Huh-Huhuhu-Huuuh! Wenn du im Winter abends oder nachts im Wald spazieren gehst, kannst du diesen heulenden Ruf hören. Hör genau hin, es könnte ein Waldkauz-Männchen sein, das in der Balzzeit zwischen November und Ende Februar ein Weibchen anlocken will. Tagsüber halten sich die Eulen verborgen in Astgabeln hoher, dichter Bäume auf und verlassen ihren Ruheplatz nur, wenn sie gestört werden oder frieren. In der Dämmerung und nachts jagen sie an Waldrändern und auf Wegen im Suchflug ihre Beute.

Der Waldkauz wird knapp 40 cm lang. Bei Kälte plustert er sein Gefieder auf.

Hat sich ein Waldkauzpaar gefunden, bleibt es lebenslang zusammen.

Nach der Paarung, oft schon im Februar, bezieht das Weibchen eine Bruthöhle, legt 3-5 Eier ab und bebrütet sie. Das Männchen versorgt es mit Nahrung. Nach einem Monat schlüpfen die Jungen, die von den Eltern gefüttert werden. Die Jungvögel sind ab Mai flügge. Oft geben sie einen Bettelruf (»Piuwick«) von sich.

Wie alle Eulen fliegt der Waldkauz völlig geräuschlos. Mit seinen Greiffüßen (Fängen), die mit scharfen Krallen besetzt sind, kann er Beutetiere wie z.B. Mäuse, Vögel, Frösche fassen und töten.

Als Brutplätze nutzt der Waldkauz Baumhöhlen, Nistkästen, Felsnischen, Mauerlöcher und andere Schlupfwinkel in Gebäuden.

Der Waldkauz besiedelt Laub- und Mischwälder, aber auch Nadelwälder, Parkanlagen und Gärten. Wo und wann hast du die Rufe des Waldkauzes gehört?

Ort ....

Uhrzeit ....

Datum ....

Schutz vor **Hexen**

Misteln sind immergrüne Pflanzen. Wenn die Laubbäume im Winter kahl sind, kannst du sie besonders gut erkennen. Sie wachsen in Büscheln, meist hoch oben an den Zweigen von Laub- und Nadelbäumen. Es sind Parasiten (Schmarotzer), die vom wasser- und mineralstoffhaltigen Saft ihrer

Wirtsbäume leben. Früher glaubte man, dass Misteln Zauberkräfte besitzen, das Haus vor Feuer, Hexen oder Geistern schützen und Glück bringen.

Die glasigen, beerenartigen, innen klebrig-schleimigen Früchte der Mistel reifen von Dezember bis März. Vorsicht: Für uns (und unsere Haustiere) sind sie giftig! Für Misteldrosseln nicht.

Als Weihnachtsdekoration kannst du Mistelzweige mit einem roten Band ans Fenster oder an die Tür hängen. Paare, die sich unter einem Mistelzweig stehend küssen, bleiben angeblich ein Leben lang zusammen.

Hat eine Misteldrossel Mistelbeeren gefressen, scheidet sie mit dem Kot die Samenkörner, mit einer Schleimschicht versehen, wieder aus. Bleiben die Mistelsamen auf dem Geäst eines Baumes haften, bilden sie eine Haftscheibe aus. Aus ihr schiebt sich eine Wurzel hervor, die durch die Rinde des Baums bis zum Holz vordringt und so an die nährstoffhaltigen Baumsäfte gelangt.

Efeu ist eine immergrüne Pflanze, die sich mit Hafturzeln an Stamm und Ästen von Bäumen klammert und an ihnen entlangkriecht, dem Licht entgegen.

Die kugeligen Efeufrüchte entwickeln sich im Winter, von November bis März. Die meist bläulich oder grünlich schwarzen Beeren sind ebenso wie Efeublätter giftig!

Wo wächst Efeu
in eurem Garten
oder im Park?

....

....

Brüten im Winter

Zwischen August und Dezember reifen die Zapfen der Fichte und verholzen dabei. Wenn sich die harten, holzigen Samenschuppen öffnen, geben sie die geflügelten Samen frei und der Wind trägt sie fort. Fichtensamen sind auch die Hauptnahrung des Fichtenkreuzschnabels. Da sie im Winter reif sind und in dieser Jahreszeit ein besonders reiches Futterangebot zur Verfügung steht, brütet er nicht wie die meisten Singvögel im Frühjahr, sondern im Winter.

Bei der Nahrungssuche hängt er sich an reife Zapfen, steckt seine gekreuzten Schnabelspitzen unter eine Zapfenschuppe und spreizt sie ab, um mit der Zunge die fetthaltigen Samen herauszuholen.

Fichtenzapfen und
Fichtensamen

Křivka obecná • Loxia curvirostra

OCHRANU EVROPSKÉ
FLÓRY A FAUNY

1

2 Kčs

Sein Schnabel ist so
geformt, dass er damit
die Zapfenschuppen
leicht öffnen kann.

Männchen

Bitte ausmalen!

Das Gefieder der Männchen ist rötlich,
das der Weibchen olivgrün gefärbt.

Weibchen

Noch mehr Natur!

nur 5,– € (D)
5,20 € (A)

NATURFORSCHER **Vögel**
ISBN 978-3-8458-1855-9

NATURFORSCHER **Bäume**
ISBN 978-3-8458-1856-6

NATURFORSCHER **Insekten**
ISBN 978-3-8458-1858-0

NATURFORS... **Blumen**
ISBN 978-3-8458-1857-3

Bildnachweis

Gettyimages|Thinkstock;

Nature Picture Library: Alex Hyde, Andy Sands, David Kjaer, David Tipling | 2020VISION, DUNCAN MCEWAN, Hermann Brehm, Ingo Arndt, Jan Hamrsky, Kerstin Hinze, MYN | Marc Pihet, Nature Production, Robert Thompson, Ross Hoddinott | 2020VISION, Simon Colmer, Solvin Zankl, STEVE KNELL, Tony Phelps, Wild Wonders of Europe | Widstrand, Yukihiro Fukuda;

Fotolia: @nt, aigarsr, akf, Alekss, alexanderoberst, Alexander Potapov, Alexander Raths, Alexanor, Alois, Alonbou, als, Ana Gram, anaoui, anatchant, Andrea Izzotti, andreiuc88, Antje Lindert-Rottke, Antrey, awfoto, arenysam, artworks-photo, avs_lt, beesandmore, bereta, bettys4240, bildkistl, BillionPhotos.com, blackboard1965, butterfly-photos.org, byrdyak, Cathy Keifer, CBH, Christian Hatzl, Christian Pedant, ChristianFallini, Christos Georghiou, cityanimal, Clemens Schüßler, coco194, Comugnero Silvana, countrypixel, creativenature.nl, Dario Bajurin, dennisjacobsen, destillat, dieter76, Digitalpress, dilynn, Dionisvera, Distraction Arts, dule964, Eileen Kumpf, Elenathewise, emer, emuck, Ennira, Eric Isselée, Erni, Ervin Monn, etfoto, euthymia, Fabio Presutti, faltner, feathercollector, firstflight, Flo-Bo, Floriana, fotofreakdgy, Fotolyse, fotomaster, FotoRequest, fovito, Friedberg, grandaded, greenphotoKK, Gregory Johnston, Gucio_55, guy, helmutvogler, Henrie, Henrik Larsson, hfox, Ig0rZh, iLUXimage, imaginatio, Ingo Bartussek, iredding01, ireneusz1b, irina_katunina, Ivonne Wierink, J and S Photography, Jag_cz, James Thew, Jan Engel, jan37, Javier Castro, jcpjr, Jean Kobben, jefunne, Joachim Neumann, JoannaTkaczuk, JPS, juancarlos1969, julia_shumenko, Juulijs, Karin Isopp, Karin Jahne, kasparv, kentauros, kichigin19, kis1e2, Kletr, Konstantin Yuganov, kovaleva_ka, kranidi, ksena32, kwasny221, L.Bouvier, laboko, Lars Krause, Lars Lachmann, Laurentiu Iordache, lcswart, Lensman300, Leonid Ikan, Leonid Nyshko, lfrabanedo, lirtlon, lucato, Luis Louro, Lydia Geissler, M. Schuppich, M.Dörr & M.Frommherz, maerzkind, maggiw, Mamuka Gotsiridze, Manuel Schönfeld, marcohoffmann, margo555, MARIMA, Martina Berg, Marty Kropp, Matauw, mates, max5128, mhp, mica, Michael Möller, Michael Robbins, Michael Tieck, missty, Morphart, motivjaegerin1, Mushy, naiyanab, Natika, natureimmortal, Negoi Cristian, nialat, Nik_Merkulov, nmelnychuk, o111e1g1, Omika, ondrejprosicky, Ornitolog82, paolofusacchia, Pascal Huot, Paul Maguire, paulpixel57, Peter Wey, photo 5000, photocrew, Photo-SD, Piotr Goł bniak, pixarno, Pixelmixel, PixelPower, pusteflower9024, rcfotostock, remus20, rgraz, richardlarsson, richpav, roblan, Roma, rook76, ryzhkov_sergey, S.H.exclusiv, salita2010, Savo Ilic, Schmutzler-Schaub, Scisetti Alfio, shaiith, sommai, stockone, sunnychicka, Szasz-Fabian Erika, Szasz-Fabian Jozsef, Tamara Kulikova, taviphoto, thomaslenne, Tilo Grellmann, Tim UR, Tomasz Kubis, tomasztc, trendobjects, tunedin, UbjsP, unicusx, unpict, Uros Petrovic, Uryadnikov Sergey, v.poth, Vadimsadovski, Valentina R., Vera Kuttelvaserova, viennapro, Visions-AD, Vitalii Hulai, Vitaly Ilyasov, Vladimir Wrangel, volff, volkerladwig, vpardi, vvvita, wojtek, Wolfgang Kruck, world of inspiration, Xaver Klaussner, Xavier, XEG, YK, yurakp, Yuri Slyunkov

FSC
www.fsc.org
MIX
Papier aus verantwortungsvollen Quellen
FSC® C020056